تَحْتَ شَجَرَةِ اللَّوْزِ

فادي العقاد

UNDER THE ALMOND TREE

MODERN STANDARD ARABIC READER – BOOK 29
BY FADI AKKAD

lingualism

ISBN: 978-1-949650-87-7

Written by Fadi Akkad

Edited by Ahmed Younis and Matthew Aldrich

Arabic translation* by Ahmed Younis

English translation by Fadi Akkad and Ahmed Younis

Cover art by Duc-Minh Vu

Audio by Ahmed Younis

* from the original Levantine Arabic to Modern Standard Arabic

website: www.lingualism.com

email: contact@lingualism.com

INTRODUCTION

The **Modern Standard Arabic Readers** series aims to provide learners with much-needed exposure to authentic language. The books in the series are at a similar level (B1-B2) and can be read in any order. The stories are a fun and flexible tool for building vocabulary, improving language skills, and developing overall fluency.

The main text is presented on even-numbered pages with tashkeel (diacritics) to aid in reading, while parallel English translations on odd-numbered pages are there to help you better understand new words and idioms. A second version of the text is given at the back of the book, without the distraction of tashkeel and translations, for those who are up to the challenge.

Visit the **Modern Standard Arabic Readers** hub at www.lingualism.com/msar, here you can find:

- **free accompanying audio** to download or stream (at variable playback rates)

- a **blog** with tips on using our Modern Standard Arabic readers to learn effectively

This book is also available in Levantine Arabic at www.lingualism.com/lar.

تحتَ شَجَرَةِ اللَّوْزِ

أبو لينا رَجُلٌ مُسِنٌّ فَقيرٌ يَعيشُ مَعَ ابْنَتَيْهِ لينا وَباري في قَرْيَةِ البَيْدَرِ في مَنْزِلٍ صَغيرٍ تَحْتَ شَجَرَةِ لَوْزٍ في ريفِ حِمْصَ.

لينا تَبْلُغُ مِنَ العُمْرِ 26 عامًا، وَفي كُلِّ مَرَّةٍ يَأْتي فيها أَحَدُهُمْ لِخِطْبَتِها، يَتَراجَعُ لِأَنَّها مِنْ عائِلَةٍ فَقيرَةٍ وَغَيْرِ مُتَعَلِّمَةٍ، وَلَمْ تَلْتَحِقْ أَبَدًا بِأَيِّ جامِعَةٍ.

أَمّا باري فَهِيَ تَبْلُغُ مِنَ العُمْرِ 18 عامًا تَحْلُمُ بِالذَّهابِ إِلى الجامِعَةِ، لَكِنَّ وَضْعَ والِدِها المالِيِّ لَمْ يُساعِدْها لِتُسافِرَ وَتُكْمِلَ دِراسَتَها الجامِعِيَّةَ في المَدينَةِ، عِلْمًا بِأَنَّ الدِّراسَةَ تُكَلِّفُ الكَثيرَ مِنَ الأَمْوالِ.

يَعْمَلُ أَبو لينا عَلى عَرَبَةٍ يَبيعُ فيها الحاجِيّاتِ المَنْزِلِيَّةَ، مِثْلَ لَوازِمِ الخِياطَةِ وَالشّوكولاتَةِ وَالطَّعامِ اللَّذيذِ. وَنَظَرًا لِقِلَّةِ عَدَدِ سُكّانِ القَرْيَةِ، فَإِنَّ المَبيعاتِ قَليلَةٌ، وَالدَّخْلُ قَليلٌ جِدًّا. كَبُرَتِ الفَتاتانِ وَبِالتّالي ازْدادَتِ احْتِياجاتُهُما. تَقَدَّمَ رَجُلٌ جَديدٌ لِخِطْبَةِ لينا، وَيَحْتاجُ أَبو لينا إِلى المالِ لِتَجْهيزِها لِلزَّواجِ وَشِراءِ فُسْتانِ الزِّفافِ.

Under the Almond Tree

Abu Lina is an old, poor man that lives with his two daughters, Lina and Bari, in a village called Al-Baydar, in a small house under an almond tree in rural Homs.

Lina is 26 years old, and every time someone comes to propose to her, he backs off because she is from a poor family and she is not educated, nor had she ever got into a university.

Bari, on the other hand, is an 18-year-old girl who's dreaming about going to college, but her father's financial situation could not help her travel to the city and study at the city university, and that the study costs a lot of money.

Abu Lina works on a [vending] pushcart selling household goods, like sewing pieces, chocolates, and delicious food. And since the village has a small population, sales are not that good, and the income is very low. The girls started growing up, and as so, their needs increased. A new man proposed to Lina, and Abu Lina needs money to prepare her for marriage and buy her a wedding dress.

نَجَحَتْ باري في المَدْرَسَةِ وَكانَتْ طالِبَةً مُتَفَوِّقَةً، وَقَرَّرَتِ الذَّهابَ إِلى الجامِعَةِ، لِتَلْتَحِقَ في قِسْمِ الطِّبِّ، لِتُصْبِحَ طَبيبَةً لِمُساعَدَةِ أَهْلِ قَرْيَتِها، لَكِنْ لِلْأَسَفِ جَميعُ الجامِعاتِ تَكاليفُها باهِظَةٌ وَمَوْجودَةٌ في المَدينَةِ، فَهِيَ سَتَحْتاجُ إِلى الرُّسومِ الجامِعيَّةِ وَنَفَقاتِ السَّفَرِ وَرُسومِ السَّكَنِ في المَدينَةِ. بَدَأَ حُلْمُ باري يَتَلاشى، وَأَبو لينا يَعْرِفُ أَنَّ بِنْتَيْهِ حَزينَتَيْنِ وَلا يَسْتَطيعُ فِعْلَ أَيِّ شَيْءٍ حِيالَ ذَلِكَ.

بَدَأَ أَبو لينا يُحاوِلُ اقْتِراضَ المالَ مِنْ أَصْدِقائِهِ، لَكِنْ لِلْأَسَفِ كُلُّهُمْ قالوا لَهُ أَنَّهُمْ لا يَمْلِكونَ المالَ. رَدَّ صَديقُهُ الأَوَّلُ عَلَيْهِ بِأَنَّ عَلَيْهِ دَيْنٌ كَبيرٌ، وَالثّاني أَغْلَقَ الهاتِفَ في وَجْهِهِ، أَمّا الثّالِثُ لَمْ يَفْتَحْ بابَهُ عَلى الإِطْلاقِ. كانَ أَبو لينا مُتْعَبًا، وَهُوَ رَجُلٌ عَجوزٌ، لَمْ يَعُدْ قادِرًا عَلى العَمَلِ لِلْحُصولِ عَلى المالِ وَإِطْعامِ ابْنَتَيْهِ.

جاءَتْ لينا وَباري إِلى والِدَيْهِما وَقالَتا: "أَبي، قَرَّرْنا أَنْ نَعْمَلَ وَنُساعِدَكَ."

Bari succeeded in school and was a top student, and she decided to go to the university, department of medicine, to become a doctor to help the people of the village. But unfortunately, all the universities are in the city, and they cost a lot of money, such as university fees, travel expenses, and housing fees in the city. So Bari's dream started fading. Abu Lina is watching his daughters be crushed, and he can't do anything about it.

Abu Lina started trying to borrow money from his friends, but what a pity! They all told him, "We have no money." The first one said he had a large debt; the second one hung up on him; and the third didn't open the door at all. Abu Lina had grown tired and aged, and he couldn't work to get money and feed his daughters anymore.

Lina and Bari came to their father and said, "Dad, we decided to work and help you."

اِبْتَسَمَ أَبو لينا وَقالَ: "يا فَتاتانِ، العَمَلُ في هَذِهِ القَرْيَةِ صَعْبٌ، وَأَنا أُحِبُّكُما كَثيرًا، وَلا أُريدُكُما أَنْ تُعانِيا مِنْ مَشَقَّةِ العَمَلِ، غَيْرَ أَنَّهُ لا يوجَدُ عَمَلٌ يُناسِبُكُما". تَوَقَّفَ أَبو لينا عَنِ الكَلامِ لِبَعْضِ الوَقْتِ ثُمَّ بَدَأَ في البُكاءِ وَذَرِفَتْ دُموعُهُ عَلى لِحْيَتِهِ الرَّمادِيَّةِ.

قالَتْ لينا: "لِماذا تَبْكي يا أَبي؟ هَذِهِ أَوَّلُ مَرَّةٍ أَراكَ تَبْكي."

أَجابَ أَبو لينا: "أَنا رَجُلٌ عَجوزٌ يا ابْنَتي العَزيزَةُ، وَأَخْشى أَنْ أَموتَ قَبْلَ أَنْ أَضْمَنَ لَكُما عَيْشًا جَيِّدًا."

قالَتْ باري: "أَبي، لَدَيَّ صَوْتٌ جَميلٌ، وَلَطالَما أَحْبَبْتَ سَماعَهُ، دَعْني أُغَنّي في الأَعْراسِ، وَسَأَحْصُلُ عَلى المالِ في كُلِّ مَرَّةٍ."

وَقالَتْ لينا: "أَنا أَيْضًا يا أَبي يُمْكِنُني خِياطَةُ المَلابِسِ جَيِّدًا، سَأَخيطُ المَلابِسَ المَدْرَسِيَّةَ لِأَطْفالِ القَرْيَةِ وَأَحْصُلُ عَلى نُقودٍ مُقابِلَ ذَلِكَ أَيْضًا."

بَدَأَ أَبو لينا يُفَكِّرُ في الأَمْرِ وَوافَقَ أَخيرًا عَلى عَمَلِ بِنْتَيْهِ لِتُساعِداهُ. يَوْمًا بَعْدَ يَوْمٍ، بَدَأَ الجَميعُ في العَمَلِ، وَبَدَأَ وَضْعُ هَذِهِ الأُسْرَةِ الفَقيرَةِ يَتَحَسَّنُ.

Abu Lina smiled and said, "Girls, work in this village is hard, and I love you so much, and I don't want you to suffer. There's not even anything you can find for work." Abu Lina stopped talking for a while and then started crying and shed tears on his gray beard.

Lina said, "Dad, why are you crying? This is the first time I've seen you cry."

Abu Lina responded, "I am an old man, dear daughter, and I am afraid that I will die before I can secure you a good living."

Bari said, "Dad, I have a beautiful voice, and you've always loved to hear it. Let me sing at weddings, and every time I do that, I get money from people."

And Lina said, "Me too, Dad. I can sew clothes very well. I'll sew school clothes for the children in the village and get money for it."

Abu Lina started thinking about it and finally agreed that the girls work and help him. Day after day, everyone started working, and the situation of this poor family started to improve.

وَذاتَ يَوْمٍ حَلَمَ أَبو لينا بِشَخْصٍ يَرْتَدي ثِيابًا بَيْضاءَ يَقولُ لَهُ: "يا أَبو لينا، اِذْهَبْ إِلى المَدينَةِ وَاعْمَلْ هُناكَ، وَسَتَسْمَعُ بُشْرى سارَّةً وَتَجِدُ كَنْزًا، فَتُصْبِحُ أَنْتَ وَابْنَتَيْكَ أَثْرياءَ." اِسْتَيْقَظَ أَبو لينا وَلَمْ يَنْتَبِهْ لِذَلِكَ الحُلْمِ.

بَعْدَ خَمْسَةِ أَشْهُرٍ مِنَ العَمَلِ الشّاقِّ وَالإِرْهاقِ، تَمَكَّنَ أَبو لينا وَابْنَتاهُ أَخيرًا مِنْ شِراءِ فُسْتانِ زِفافِ لينا، وَاشْتَروا الفُسْتانَ وَخَطَبَتْ لينا أَكْثَرَ رَجُلٍ وَسيمٍ في القَرْيَةِ، وَبَدَأَتِ الأُمورُ تَتَحَسَّنُ شَيْئًا فَشَيْئًا لِهَذِهِ العائِلَةِ، ثُمَّ بَدَأَ أَبو لينا في تَزْيينِ المَنْزِلِ وَشِراءِ الأَشْياءِ المُتَبَقِّيَةِ، وَالجُلوسُ مَعَ ابْنَتَيْهِ في مَنْزِلِهِمِ الصَّغيرِ تَحْتَ شَجَرَةِ اللَّوْزِ يَتَناوَلونَ الطَّعامَ وَالفاكِهَةَ اللَّذيذَةَ. وَبَعْدَ شَهْرَيْنِ، جَمَعوا الأَمْوالَ لِلْقِسْطِ الأَوَّلِ مِنَ الرُّسومِ الدِّراسِيَّةِ لِجامِعَةِ باري، وَأَصْبَحَ هَذا المَنْزِلُ الصَّغيرُ مَليئًا بِالبَهْجَةِ، وَامْتَلَأَ قَلْبُ أَبو لينا بِالسَّعادَةِ.

ذَهَبَتْ باري لِتُحَضِّرَ الشّايَ وَتَرَكَتِ المَوْقِدَ مُشْتَعِلًا. اِشْتَعَلَتِ النّيرانُ في المَطْبَخِ وَانْتَشَرَتْ في جُزْءٍ مِنْ أَرْجاءِ المَنْزِلِ. رَكَضَ أَهالي القَرْيَةِ بِسُرْعَةٍ مُحاوِلينَ إِطْفاءَ الحَريقِ،

And one day, Abu Lina dreamed of a person wearing white clothes and saying to him, "Abu Lina, go to the city and work there, and you will hear good news and find a treasure, and you and your daughters will become rich." Abu Lina woke up but did not pay any attention to that dream.

After five months of hard work and exhaustion, Abu Lina and his daughters could finally afford a wedding dress for Lina. They bought the dress, and Lina got engaged to the most handsome guy in the village, and things started getting better little by little for the family. Abu Lina started decorating the house and buying the missing things, and sitting down with his daughters at their small house under the almond tree, and eating delicious food and fruits. Two months later, they raised money for the first installment of Bari's university tuition, and this little house became filled with joy, and Abu Lina's heart was filled with happiness.

Bari went to make tea and left the stove on. The kitchen caught on fire, and the fire spread over part of the house. The people of the village ran quickly, trying to extinguish the fire, ...

وَبَعْدَ جُهْدٍ كَبِيرٍ أُخْمِدَتِ النِّيرانُ، فَتَحَوَّلَ المَنْزِلُ إِلَى رَمادٍ وَاحْتَرَقَ كُلَّ شَيْءٍ فيهِ. في غُضونِ ذَلِكَ، نُقِلَتْ باري إِلَى المُسْتَشْفَى وَكانَتْ حالَتُها خَطيرَةً، وَكانَ أَبو لينا في هَذا الوَقْتِ يَتَجَوَّلُ مَعَ عَرَبَتِهِ يَبيعُ أَغْراضَهُ وَلا يَعْرِفُ ما حَدَثَ في مَنْزِلِهِ.

قالَ لَهُ أَحَدُهُمْ: "يا أَبو لينا! يا أَبو لينا! مَنْزِلُكَ احْتَرَقَ!"

اِرْتَعَبَ أَبو لينا خَوْفًا وَسَقَطَتِ العَرَبَةُ وَهُوَ عَلَى الأَرْضِ وَقالَ: "أَتَوَسَّلُ إِلَيْكُمْ، خُذوني إِلَى ابْنَتَيَّ."

اِقْتادوهُ إِلَى المَنْزِلِ، فَرَأَى لينا تَقِفُ وَحْدَها وَتَبْكي. فَقالَ لَها: "أَيْنَ أُخْتُكِ باري؟"

"أَخَذوها إِلَى المُسْتَشْفَى."

رَكَضَ أَبو لينا وَابْنَتُهُ إِلَى المُسْتَشْفَى وَرَأَى باري وَالحُروقَ في وَجْهِها. أَخْبَرَهُ الطَّبيبُ أَنَّها بِحاجَةٍ لِعَمَلِيَّةٍ جِراحِيَّةٍ في أَسْرَعِ وَقْتٍ مُمْكِنٍ.

قالَ أَبو لينا لِلطَّبيبِ: "أَيُّها الطَّبيبُ أَرْجوكَ قُمْ بِإِجْراءِ العَمَلِيَّةِ الآنَ."

and after a great effort, the fire was extinguished. The house became ashes, and everything in it got burned. Meanwhile, Bari was taken to the hospital because she was in a dangerous condition. Abu Lina was in the village, wandering around with his cart, selling his stuff, not knowing what had happened in his house.

Abu Lina! Abu Lina! Your house is on fire! someone told him.

Abu Lina froze. The cart fell, and Abu Lina fell to the ground. "For God's sake, take me to my daughters!" Abu Lina told people.

They took him to the house, and he saw Lina standing alone and crying. He said to her, "Where is your sister Bari?"

They took her to the hospital.

Abu Lina and his daughter ran to the hospital and saw how Bari looked with burns on her face. The doctor told him that she needs surgery as soon as possible.

Abu Lina said to the doctor, "Doctor, please operate on her right now."

نَظَرَ الطَّبيبُ إِلَيْهِ مِنْ أَعْلى إِلى أَسْفَلَ وَقالَ: "لَكِنَّ العَمَلِيَّةَ سَتُكَلِّفُكَ الكَثيرَ مِنَ المالِ."

رَدَّ أبو لينا وَقالَ: "لا مُشْكِلَةَ."

لَمْ يَعْرِفْ أَبو لينا كَيْفَ سَيَحْصُلُ عَلى المالِ، فَقَرَّرَ أَنْ يَذْهَبَ إِلى مَسْؤولِ القَرْيَةِ (العُمْدَةُ) وَيَطْلُبَ مِنْهُ المالَ. مَسْؤولُ القَرْيَةِ يُحِبُّ المالَ كَثيرًا وَلا يُعْطي أَحَدًا إِلّا إِذا أَخَذَ أَكْثَرَ مِمّا يُعْطيهِ.

ذَهَبَ أَبو لينا لِرُؤْيَةِ مَسْؤولِ القَرْيَةِ وَقالَ لَهُ: "اِبْنَتي في المُسْتَشْفى، وَأَنا بِحاجَةٍ إِلى نُقودٍ لِإِجْراءِ عَمَلِيَّةٍ لَها، وَإِذا لَمْ أَدْفَعِ المالَ قَدْ تَموتُ ابْنَتي، أَعْطِني المالَ وَسَأُعيدُهُ لَكَ بَعْدَ سِتَّةِ أَشْهُرٍ."

بَدَأَ مَسْؤولُ القَرْيَةِ يُفَكِّرُ وَيَقولُ لِنَفْسِهِ أَنَّ أَبا لينا لَنْ يَتَمَكَّنَ مِنْ إِعادَةِ المالِ لِأَنَّهُ فَقيرٌ، لِذَلِكَ قَرَّرَ مَسْؤولُ القَرْيَةِ أَنْ يَطْلُبَ مِنْهُ طَلَبًا مُقابِلَ ذَلِكَ وَقالَ: "سَأُعْطيكَ المالَ، لَكِنْ إِذا لَمْ تُعيدَهُ خِلالَ سِتَّةِ أَشْهُرٍ، ماذا سَتَفْعَلُ؟"

تَفاجَأَ أَبو لينا وَقالَ لَهُ: "سَأُعيدُهُ لَكَ بِالتَّأْكيدِ."

The doctor looked him up and down and said, "But the surgery will cost a lot of money."

No problem, Abu Lina replied.

Abu Lina did not know how he would get the money, so he decided to go to the head of the village (the mayor) and ask him for money. The head of the village loves money a lot and doesn't give to anyone unless he takes more than what he is giving.

Abu Lina went in to see the head of the village and said, "My daughter is in the hospital, and she needs money for the surgery. If I don't pay the money, my daughter may die. Give me the money, and in six months, I will return all of it."

The head of the village started thinking and saying to himself that Abu Lina wouldn't be able to return the money because he is poor. The head of the village told Abu Lina, "I will give you the money, but if you do not return it in six months, what will you do?"

Abu Lina was surprised and said to him, "Sure, I will return it."

أَخَذَ مَسْؤولُ القَرْيَةِ لُقْمَةً مِنَ التُّفّاحَةِ وَقالَ: "إذا لَمْ تُعيدَها بَعْدَ سِتَّةِ أَشْهُرٍ، سَتَزَوَّجُ ابْنَتَكَ لينا لِابْني فادي."

أُصيبَ أبو لينا بِالصَّدْمَةِ لِأَنَّ سُمْعَةَ فادي سَيِّئَةٌ في القَرْيَةِ. فَهُوَ شابٌّ يُقامِرُ وَيُحِبُّ الفَتَياتِ كَثيرًا. في النِّهايَةِ وافَقَ أَبو لينا وَأَخَذَ المالَ وَعادَ إِلى المُسْتَشْفى.

اِنْتَهَتِ العَمَلِيَّةُ وَنَجَحَتْ، وَخَرَجَتْ باري مِنَ المُسْتَشْفى، لَكِنْ لا تَزالُ هُناكَ نُدوبُ حُروقٍ عَلى وَجْهِها. سَأَلَ أَبو لينا الطَّبيبَ قائِلًا: "ماذا سَنَفْعَلُ بِشَأْنِ النُّدوبِ؟"

قالَ الطَّبيبُ: "إِنَّها بِحاجَةٍ إِلى جِراحَةٍ تَجْميلِيَّةٍ، لَكِنَّها باهِظَةُ الثَّمَنِ."

كانَ المَشْهَدُ مُبْكِيًا، الرَّجُلُ العَجوزُ وَابْنَتاهُ يَنْظُرونَ إِلى المَنْزِلِ وَهُوَ الشَّيْءُ الوَحيدُ الَّذي يَمْلِكونَهُ، يَبْكونَ عَلى كُلِّ ما فَقَدوهُ وَالذِّكْرَياتُ الجَميلَةُ الَّتي كانَتْ لَدَيْهِمْ في هَذا المَنْزِلِ، وَشَجَرَةُ اللَّوْزِ الَّتي كانوا يَشْرَبونَ الشّايَ تَحْتَها.

أَخْبَرَ أَبو لينا ابْنَتَهُ لينا بِقِصَّةِ زَواجِها مِنْ فادي. شَعَرَتْ لينا بِالضّيقِ الشَّديدِ، وَعَلى الرَّغْمِ مِنْ حَقيقَةِ أَنَّها كانَتْ تَعْلَمُ أَنَّها سَتَضْطَرُّ إِلى الِانْفِصالِ عَنِ الرَّجُلِ الَّذي تُحِبُّهُ،

The head of the village took a bite of the apple and said, "If you don't return it after six months, you should get your daughter Lina to marry my son Fadi."

Abu Lina was shocked because Fadi has a bad reputation in the village. He gambles and likes girls a lot. In the end, Abu Lina agreed, took the money, and went back to the hospital.

The surgery finished and was a success, and Bari checked out of the hospital, but there were still burn scars on her face. Abu Lina asked the doctor, "What can we do for the scars?"

The doctor said, "She needs plastic surgery, but it costs a lot."

The sight was sad. The old man and his daughters were looking at the house, the only thing they had left. They were crying over everything they lost and the good memories they had in this house, and the almond tree they used to drink tea under.

Abu Lina told his daughter Lina about marrying Fadi. Lina got very upset, and despite the fact that she knew she would have to break up with the guy she loves, ...

إِلّا أَنَّها لَمْ تَقُلْ شَيْئًا لِأَنَّ المالَ ساعَدَ أُخْتَها باري في العَمَلِيَّةِ.

نَظَرَتْ باري إِلى المِرْآةِ وَقالَتْ لِأَبيها: "أَبي، إِذا ظَلَّ وَجْهي هَكَذا، لَنْ أَذْهَبَ إِلى الجامِعَةِ. سيَتَنَمَّرُ عَلَيَّ الطُّلّابُ". زادَ الهَمُّ عَلى أَبي لينا وَلَمْ يَعْرِفْ ما يَجِبُ عَلَيْهِ فِعْلُهُ.

ثُمَّ بَدَأَ أَبو لينا وَابْنَتاهُ بِتَنْظيفِ الدُّخانِ الأَسْوَدِ المَوْجودِ عَلى جُدْرانِ غُرَفِ النَّوْمِ، وَذَهَبَ الجَميعُ إِلى فِراشِهِمْ.

رَأى أَبو لينا نَفْسَ الحُلْمِ مَرَّةً أُخْرى. كانَ أَحَدُهُمْ يَرْتَدي الزِّيَّ الأَبْيَضَ وَيَقولُ لَهُ: "يا أَبو لينا، اِذْهَبْ لِلْعَمَلِ في المَدينَةِ، وَسَتَسْمَعُ بُشْرى سارَّةً، وَسَتَجِدُ كَنْزًا، وَسَتُصْبِحُ أَنْتَ وَابْنَتاكَ أَثْرياءَ." اِسْتَيْقَظَ أَبو لينا وَأَخْبَرَ ابْنَتَيْهِ بِالحُلْمِ.

قالَتْ باري: "في رَأْيِي يا أَبي، عَلَيْكَ الذَّهابُ إِلى المَدينَةِ. رُبَّما يَأْتي فَرَجُ اللهِ، وَيَتَحَقَّقُ الحُلْمُ."

قالَتْ لينا: "أَبي، لَقَدْ عَلَّمْتَنا أَنَّنا يَجِبُ أَنْ نَطْرُقَ أَيَّ بابٍ نَراهُ أَمامَنا وَأَلّا نَتَخَلّى عَنْ أَحْلامِنا، لِذا يَجِبُ أَنْ تُسافِرَ."

وَبَعْدَ أَنِ اسْتَمَرَّ الحُلْمُ في الظُّهورِ مِرارًا وَتَكْرارًا، قَرَّرَ أَبو لينا السَّفَرَ إِلى المَدينَةِ لِيَرى ما سَيَحْدُثُ.

she didn't say anything because the money helped Bari with the surgery.

Bari looked at the mirror and said to her father, "Dad, if my face stays like this, I don't want to go to college anymore. The students will bully me." More grief weighed down on Abu Lina, and now he doesn't know what to do.

Abu Lina and his daughters cleaned the black smoke off the [walls of the] bedrooms, and everyone went to [their] bed.

Abu Lina saw the same dream once again. Someone was dressed in white and said to him, "Abu Lina, go work in the city, and you'll hear good news, and you will find a treasure, and you and your daughters will become rich." Abu Lina woke up and told his daughters about the dream.

Bari said, "In my opinion, Dad, you should go to the city. Maybe God will give us relief, and the dream will come true."

Lina said, "Dad, you taught us that we should knock on any door we see in front of us and that we shouldn't give up on our dreams, so you must travel."

And after the dream kept coming over and over, Abu Lina decided to travel to the city and see what would happen.

جَمَعَ أَبو لينا أَغْراضَهُ، وَوَدَّعَ ابْنَتَيْهِ، وَاسْتَقَلَّ الحافِلَةَ إِلى المَدينَةِ في رِحْلَةٍ اِسْتَغْرَقَتْ أَكْثَرَ مِنْ ثَماني ساعاتٍ. وَصَلَ أَبو لينا إِلى المَدينَةِ وَشاهَدَ المَباني الكَبيرَةَ وَالمَلاعِبَ وَالمَسابِحَ وَأَشْياءَ أُخْرى رَآها لِأَوَّلِ مَرَّةٍ في حَياتِهِ.

مَرَّ مِنْ جانِبِ كُلِّيَّةِ الطِّبِّ وَتَذَكَّرَ حُلْمَ ابْنَتِهِ باري في الرَّغْبَةِ في الدِّراسَةِ في هَذِهِ الكُلِّيَّةِ. ذَرَفَ دُموعَهُ، وَتَمَنّى أَنْ تَعيشَ ابْنَتاهُ كَما يَعيشُ الآخَرونَ في راحَةٍ وَسَعادَةٍ، وَتَمَنّى أَنْ يَجِدَ الكَنْزَ الَّذي رَآهُ في حُلْمِهِ حَتّى يَتَمَكَّنَ مِنْ تَأْمينِ حَياةٍ كَريمَةٍ لِابْنَتَيْهِ.

بَدَأَ أَبو لينا يَتَجَوَّلُ مَعَ عَرَبَتِهِ في هَذِهِ المَدينَةِ، مُحاوِلًا البَيْعَ قَدْرَ اسْتِطاعَتِهِ، كانَ يَعْمَلُ أَكْثَرَ مِنَ اثْنَتَيْ عَشْرَةَ ساعَةً في اليَوْمِ ثُمَّ يَنامُ في فُنْدُقٍ آخِرَ اللَّيْلِ، وَبَقِيَ عَلى هَذا الحالِ لِأَكْثَرَ مِنْ شَهْرَيْنِ. كانَتِ المَبيعاتُ قَليلَةً لِلْغايَةِ، وَلَمْ يَعُدِ النّاسُ يَشْتَرونَ مِنْهُ، وَاسْتَغْرَبَ لِأَنَّهُ كانَ يَبيعُ في القَرْيَةِ أَكْثَرَ مِنْ بَيْعِهِ بِالمَدينَةِ، وَاسْتَمَرَّ أَبو لينا في المُحاوَلَةِ مِرارًا وَفي كُلِّ مَرَّةٍ يَشْعُرُ بِالتَّعَبِ، كانَ يَتَذَكَّرُ ابْنَتَيْهِ وَالأَشْهُرَ السِّتَّةَ الَّتي مَنَحَها لَهُ رَئيسُ القَرْيَةِ كَمَوْعِدٍ نِهائِيٍّ لِسَدادِ الدَّيْنِ.

Abu Lina gathered his things, said goodbye to his daughters, and took the bus to the city on a journey that lasted more than eight hours. Abu Lina arrived in the city and saw the big buildings, playgrounds, swimming pools, and other things he saw for the first time in his life.

He passed by the faculty of medicine and remembered Bari's dream of wanting to study in this college. His tears shed, and he wished that his daughters would live as other people are living, in comfort and happiness, and he hoped he could find the treasure that he saw in [his] dream so he could secure a good living for his daughters.

Abu Lina started wandering around with his cart in this city, trying to sell as much as he could. He worked over twelve hours a day, every day, and then he would go to sleep in a hotel, and he stayed like this for over two months. The sales are quite low, and the people are not buying from him anymore. He found it strange that back in the village, he was used to selling more than the city. Abu Lina kept trying and trying, and every time he got tired, he would remember his daughters and the six months the head of the village gave him as a deadline. ...

مَرَّ شَهْرانِ بِالفِعْلِ، وَلَمْ يَتَبَقَّ الآنَ سِوى أَرْبَعَةِ أَشْهُرٍ.

بَعْدَ العَمَلِ الجادِّ وَالسَّهَرِ الكَثيرِ، التَقى بِرَجُلٍ عَجوزٍ اِسْمُهُ أَبو يامِنٍ يَعْمَلُ في مَتْجَرٍ كَبيرٍ.

قالَ أَبو يامِنُ: "مَرْحَبًا يا أَخي."

أَجابَ أَبو لينا: "أَهْلًا وَسَهْلًا."

نَظَرَ أَبو يامِنٌ إِلى أَبو لينا وَقالَ: "مُنْذُ أَكْثَرَ مِنْ شَهْرَيْنِ وَأَنا أَراكَ بِهَذِهِ العَرَبَةِ، تَبيعُ أَدَواتَ الخِياطَةِ وَالطَّعامَ اللَّذيذَ. ما قِصَّتُكَ؟"

شَعَرَ أَبو لينا بِالخَوْفِ لِأَنَّهُ لَمْ يَعْتَدِ التَّحَدُّثَ إِلى غَيْرِ أَهْلِ القَرْيَةِ، وَخاصَّةً أَنَّ ابْنَتَهُ لينا أَخْبَرَتْهُ بِأَلّا يَثِقَ بِأَيِّ شَخْصٍ في المَدينَةِ. فَأَجابَ أَبو لينا: "أَعْمَلُ لِأُطْعِمَ ابْنَتَيَّ."

رَدَّ عَلَيْهِ أَبو يامِنٌ وَقالَ: "هَذِهِ الأَشْياءُ الَّتي تَبيعُها لَنْ يَشْتَرِيَها مِنْكَ أَحَدٌ هُنا بِسَبَبِ وُجودِ المَتاجِرِ وَالمَراكِزِ التِّجارِيَّةِ وَالعَديدِ مِنَ المَتاجِرِ الكَبيرَةِ." اِنْزَعَجَ أَبو لينا وَأَخَذَ عَرَبَتَهُ وَغادَرَ.

Two months had already passed, and now only four months remained.

After working hard and staying up late, he met an old man named Abu Yamen that works at a big supermarket.

"Hello, brother," Abu Yamen said.

"Welcome," Abu Lina replied.

Abu Yamen looked Abu Lina up and down and said, "I have been seeing you for over two months with that cart, selling sewing stuff and good food. What's your story?"

Abu Lina became afraid because he is not used to talking to people other than the people of the village, and especially because Lina told him not to trust anyone in the city. So, Abu Lina replied, "I work to feed my daughters."

Abu Yamen replied to him and said, "This stuff you're [trying to] sell... nobody from here would buy it because here, there are shops, malls, and a lot of supermarkets." Abu Lina got upset, took his cart, and left.

المالُ الَّذي بِحَوْزَةِ أَبي لينا عَلى وَشْكِ الِانْتِهاءِ، وَلَمْ يَعُدْ بِإِمْكانِهِ دَفْعُ ثَمَنِ الفُنْدُقِ، لِذَلِكَ أَصْبَحَ يَنامُ في الحَديقَةِ.

وَذاتَ يَوْمٍ، بَيْنَما كانَ نائِمًا في الحَديقَةِ، جاءَ بَعْضُ اللُّصوصِ وَرَأَوْا أَنَّ أَبا لينا يَنامُ بِعُمْقٍ، فَسَرَقوا مِحْفَظَتَهُ وَالكَثيرَ مِنَ الأَشْياءِ الأُخْرى مِنْ عَرَبَتِهِ.

اِسْتَيْقَظَ أَبو لينا وَرَأى المَشْهَدَ وَلَمْ يَسْتَطِعْ تَحَمُّلَهُ. دَفَعَ عَرَبَتَهُ وَسارَ في الشّارِعِ باكِيًا وَلا يَعْرِفُ إِلى أَيْنَ يَتَّجِهُ.

بَيْنَما كانَ يَمْشي، رَأى إِعْلانًا مُعَلَّقًا عَلى الحائِطِ مَكْتوبٌ عَلَيْها: "نَحْتاجُ إِلى مُتَبَرِّعٍ كِلْيَةٍ مُقابِلِ مَبْلَغٍ مِنَ المالِ."

بَدَأَ أَبو لينا يُفَكِّرُ وَيَقولُ إِذا عُدْتُ إِلى ابْنَتَيَّ وَلَمْ أَتَمَكَّنْ مِنْ تَأْمينِ المالِ المَطْلوبِ، فَسَيَشْعُرانَ بِالحُزْنِ، وَسَأَخْسَرُهُما. لِذَلِكَ قَرَّرَ الِاتِّصالَ بِصاحِبِ الإِعْلانِ. اِسْمُهُ السَّيِّدُ نَظْمي، وَاتَّفَقا أَنْ يَجْتَمِعا. ذَهَبَ أَبو لينا إِلى العُنْوانِ الَّذي أَعْطاهُ إِيّاهُ السَّيِّدُ نَظْمي.

وَصَلَ وَوَجَدَ فيلّا كَبيرَةً، وَاسْتَقْبَلَتْهُ الخادِمَةُ وَقالَ لَها: "ما شاءَ اللَّهُ هَذِهِ الفيلّا أَكْبَرُ مِنْ قَرْيَتي كُلِّها."

The money Abu Lina has is about to finish, and he can't pay for the hotel anymore, so he started sleeping in the garden. And one day, while he was sleeping in the garden, some thieves came and saw that Abu Lina was sleeping deeply, so they stole his wallet and a lot of other stuff from the cart.

Abu Lina woke up, saw the sight, and couldn't handle it. He pushed his cart and walked in the street, crying and not knowing where he was going.

While he was walking, he saw an ad hanging on the wall. "We need a kidney donor in exchange for a sum of money," was written the paper.

Abu Lina started thinking, if I went back to my daughters and I could not secure the required money, they would be sad, and I would lose them. Therefore, he decided to call the advertiser. His name is Mr. Nazmi. They decided to meet. Abu Lina went to the address Mr. Nazmi gave him.

He arrived and found a big villa. The maid welcomed him, and he said to her, "Mashallah, this villa is bigger than my whole village."

أَعْطَتْهُ الخَادِمَةُ بَعْضَ الطَّعامِ والشَّايِ وقالَتْ لَهُ: "عِنْدَما يَأْتِي السَّيِّدُ نَظْمِي، لا تَتَحَدَّثْ كَثيرًا وَلا تُقاطِعْهُ أَبَدًا أَثْناءَ حَديثِهِ. السَّيِّدُ نَظْمِي لا يُحِبُّ الحَديثَ كَثيرًا."

وَعَلى العَشاءِ جَلَسَ أَبُو لينا والسَّيِّدُ نَظْمِي، وَسَأَلَهُ السَّيِّدُ نَظْمِي: "حَسَنًا، أَخْبِرْني بِما لَدَيْكَ يا أَبا لينا."

أَجابَ أَبُو لينا وَقالَ: "رَأَيْتُ إِعْلانًا يَقُولُ أَنَّكَ بِحاجَةٍ إِلى كِلْيَةٍ مُقابِلَ نُقودٍ، وَأَنا مُسْتَعِدٌّ لِبَيْعِ كِلْيَتِي لِأَتَمَكَّنَ مِنَ العَوْدَةِ إِلى قَرْيَتِي، اِسْمُها البَيْدَرُ وَأَنا بِحاجَةٍ إِلى المالِ مِنْ أَجْلِ ابْنَتَيَّ."

نَظَرَ إِلَيْهِ السَّيِّدُ نَظْمِي وَقالَ: "اِبْني تَعَرَّضَ لِحادِثِ سَيْرٍ، وَيَحْتاجُ إِلى كُلْيَةٍ لِيَعيشَ. نَعَمْ، سَأُعْطيكَ نِصْفَ كيلو ذَهَبٍ إِذا أَعْطَيْتَ كُلْيَتَكَ لِابْني وَلا تَقْلَقْ، الإِنْسانُ لَدَيْهِ كُلْيَتانِ وَيُمْكِنُهُ العَيْشُ بِواحِدَةٍ فَقَطْ."

لَمْ يُفَكِّرْ أَبُو لينا في كُلْيَتِهِ أَوْ صِحَّتِهِ عَلى الإِطْلاقِ، فَكانَ سَعيدًا عِنْدَما سَمِعَ عَنْ نِصْفِ كيلو الذَّهَبِ وَقالَ لِلسَّيِّدِ نَظْمِي: "مُوافِقٌ."

The maid gave him some food and tea and said to him, "When Mr. Nazmi comes, don't talk too much, and never interrupt him while he's talking. Mr. Nazmi doesn't like a lot of talking."

And at dinner, Abu Lina and Mr. Nazmi sat down, and Mr. Nazmi asked, "Please tell me what you have [to say], Abu Lina."

Abu Lina replied and said, "I saw an ad that says you need a kidney in exchange for money. I am ready to sell my kidney so that I can get back to my village. It's called Al-Baydar, and I need the money for my daughters."

Mr. Nazmi looked at him and said, "My son had a car accident, and he needs a kidney to live. Yes, I will give you half a kilo of gold if you give your kidney to my son. And don't worry, humans have two kidneys and can live with just one."

Abu Lina didn't think about his kidney or his health at all, but he was happy when he heard about the half kilo of gold and said to Mr. Nazmi, "I agree."

اِبْتَسَمَ السَّيِّدُ نَظمِي قَلِيلًا وَقال: "نَحْتَاجُ أَوَّلًا إِلى إِجْرَاءِ بَعْضِ الفُحُوصَاتِ لِمَعْرِفَةِ ما إِذَا كَانَ دَمُكَ مُتَوافِقًا مَعَ دَمِ ابْنِي." وَاتَّفَقَا عَلَى الذَّهَابِ إِلى المُسْتَشْفَى فِي اليَوْمِ التَّالِي وَإِجْراءِ الفُحُوصَاتِ الأَوَّلِيَّةِ.

لَمْ يَعْرِفْ أَبُو لِينا أَيْنَ سَيَضَعُ عَرَبَتَهُ. فَعَادَ إِلى أَبُو يامِنٍ، وَقالَ لَهُ: "مَرْحَبًا يا أَبا يامِنْ، هَلْ يُمْكِنُنِي وَضْعُ العَرَبَةِ هُنا لِيَوْمَيْنِ؟"

فَقالَ لَهُ أَبُو يامِنْ: "طَبْعًا، لَكِنْ أَخْبِرْنِي لِماذا، أُقْسِمُ أَنَّ أَمْرَكَ يُحَيِّرُنِي."

بَدَأَ أَبُو لِينا يَثِقُ بِأَبِي يامِنَ، وَقالَ لَهُ: "غَدًا سَأَتَبَرَّعُ بِكْلِيَتِي لِشَخْصٍ ما وَسَأَحْصُلُ عَلَى بَعْضِ المالِ فِي المُقابِلِ لِأُعْطِيَهُ لِابْنَتَيَّ لِتَأْمِينِ مُسْتَقْبَلِهِما."

فَحَزِنَ أَبُو يامِنْ وَقالَ لَهُ: "وَماذا لَوْ كَانَ ذَلِكَ خَطِرًا عَلى صِحَّتِكَ؟"

أَجابَ أَبُو لِينا بِسُرْعَةٍ: "صِحَّةُ ابْنَتَيَّ وَمُسْتَقْبَلُهُما أَهَمُّ مِنْ حَياتِي، عَلى أَيِّ حالٍ، سَأَتَبَرَّعُ بِكْلِيَةٍ واحِدَةٍ فَقَطْ، وَيُمْكِنُنِي أَنْ أُكْمِلَ حَياتِي بِالأُخْرى."

Mr. Nazmi smiled slightly and said, "We first need to do some tests to see if your blood is compatible with my son's." They agreed that they would go to the hospital the next day and do the preliminary tests.

Abu Lina didn't know where to keep his cart. So he went back to the wise man, Abu Yamen, and said to him, "Hello, Abu Yamen, can I keep the cart here for a couple of days?"

Abu Yamen replied to him, "Sure, but tell me why. I swear you are confusing me."

Abu Lina started to trust Abu Yamen and said to him, "Tomorrow, I'm donating my kidney to someone and getting some money in return to give to my daughters to secure their futures."

Abu Ayman was saddened and said, "What if it's dangerous to your health?"

Abu Lina replied quickly, "My daughters' health and their future are more important than mine. Anyway, I will donate only one kidney, and I can continue my life with the other one."

فِي اليَوْمِ التّالي ذَهَبَ أَبو لينا وَالسَّيِّدُ نَظْمي وَابْنُهُ إِلى المُسْتَشْفى لِإِجْراءِ الفُحوصاتِ الأَوَّلِيَّةِ وَمَعْرِفَةِ ما إِذا كانَتْ كِلْيَةُ أَبي لينا مُتَوافِقَةً مَعَ كِلْيَةِ ابْنِ السَّيِّدِ نَظْمي.

بَعْدَ إِجْراءِ الفُحوصاتِ خَرَجَ الطَّبيبُ وَقالَ أَنَّ التَّوافُقَ 100% وَيُمْكِنُهُمْ إِجْراءُ عَمَلِيَّةِ زَرْعِ الكِلى. "لَكِنْ هُناكَ شَيْءٌ مُهِمٌّ يَجِبُ أَنْ تَعْرِفوهُ."

أَجابَ السَّيِّدُ نَظْمي بِسُرْعَةٍ وَسَأَلَ الطَّبيبَ: "هَلْ سَيَحْدُثُ شَيْءٌ لِابْني؟"

أَجابَ الطَّبيبُ: "لا، لَنْ يَتَأَثَّرَ ابْنُكَ، وَلَكِنْ إِذا أَرَدْنا إِجْراءَ العَمَلِيَّةِ الجِراحِيَّةِ وَنَقْلَ الكِلْيَةِ مِنْ أَبي لينا إِلى ابْنِكَ، فَهُناكَ احْتِمالٌ بِأَنْ يَفْقِدَ أَبو لينا حَياتَهُ لِأَنَّهُ رَجُلٌ عَجوزٌ وَجَسَدُهُ ضَعيفٌ."

بَعْدَ سَماعِ ذَلِكَ، أُصيبَ أَبو لينا بِالصَّدْمَةِ، وَذَرَفَتْ عَيْناهُ الدُّموعَ. سادَ الصَّمْتُ التّامُّ في جَميعِ أَنْحاءِ المُسْتَشْفى، وَلَمْ يَتَفَوَّهْ أَحَدٌ بِكَلِمَةٍ.

قالَ الطَّبيبُ: "إِذا اتَّفَقَ كِلاكُما، فَسَنُجْري العَمَلِيَّةَ الجِراحِيَّةَ الأُسْبوعَ المُقْبِلَ"، ثُمَّ غادَرَ.

The next day, Abu Lina, Mr. Nazmi, and his son went to the hospital to do the preliminary tests and see if Abu Lina's kidney is compatible with the kidney of Mr. Nazmi's son.

After the tests, the doctor came out and said that the compatibility is 100%, and they could do the kidney transplant. "But there is an important thing you should know."

Mr. Nazmi replied quickly and asked the doctor, "Will something happen to my son?"

The doctor replied, "No, your son will not be affected, but if we want to do the surgery and move the kidney from Abu Lina to your son, there is a possibility that Abu Lina loses his life because he is an old man and his body is weak."

After hearing that, Abu Lina was shocked, and his eyes shed tears. There was complete silence all over the hospital, and nobody said a word.

The doctor said, "If you both agree, we will do the surgery next week," and then he walked away.

اِقْتَرَبَ السَّيِّدُ نَظْمِي مِنْ أَبِي لِينَا وَقَالَ: "أَعْلَمُ أَنَّ القَرَارَ صَعْبٌ وَلَنْ أَضْغَطَ عَلَيْكَ لَكِنْ إِذَا وَافَقْتَ فَسَأُعْطِيكَ كِيلُو ذَهَبًا بَدَلًا مِنْ نِصْفِ الكِيلُو الَّذِي وَعَدْتُكَ بِهِ." أَخَذَ السَّيِّدُ نَظْمِي ابْنَهُ وَغَادَرَ، وَبَقِيَ أَبُو لِينَا وَحْدَهُ فِي المُسْتَشْفَى وَلَمْ يَتَفَوَّهْ بِحَرْفٍ.

بَدَأَ يَبْكِي وَيَقُولُ: "لَسْتُ قَلِقًا عَلَى صِحَّتِي، لَكِنَّنِي أَخْشَى إِنْ مِتُّ، لَنْ تَسْتَطِيعَ ابْنَتَايَ العَيْشَ بِمُفْرَدِهِمَا"، وَبَدَأَ يَسْأَلُ نَفْسَهُ: "هَلْ يُمْكِنُ أَنْ يَكُونَ هَذَا هُوَ الكَنْزُ الَّذِي رَأَيْتُهُ فِي حُلْمِي، الَّذِي سَأَفْقِدُ حَيَاتِي مِنْ أَجْلِهِ؟

فِي هَذِهِ الأَثْنَاءِ، اِتَّصَلَتْ لِينَا وَبَارِي بِوَالِدَيْهِمَا سَعِيدَتَيْنِ بِسَمَاعِ صَوْتِهِ. سَأَلَتْ بَارِي وَالِدَهَا قَائِلَةً: "يَا أَبِي، طَمْئِنِّي، هَلْ وَجَدْتَ الكَنْزَ الَّذِي رَأَيْتَهُ فِي حُلْمِكَ؟"

تَمَاسَكَ أَبُو لِينَا وَقَالَ بِصَوْتٍ حَنُونٍ: "نَعَمْ يَا طِفْلَتِي، لَقَدْ وَجَدْتُ الكَنْزَ."

ثُمَّ بَدَأَتِ الفَتَاتَانِ بِالصُّرَاخِ عَلَى الهَاتِفِ بِكُلِّ فَرْحَةٍ وَلَهْفَةٍ وَالدُّمُوعُ فِي عَيْنَيْ أَبِي لِينَا. قَالَتْ بَارِي مَرَّةً أُخْرَى:

Mr. Nazmi came close to Abu Lina and said, "I know the decision is tough, and I will not push you, but if you agree, I will give you a kilo of gold instead of the half kilo I promised you." Mr. Nazmi took his son and left, and Abu Lina stayed alone in the hospital, not saying a single word.

He started crying and saying, "I am not worried about my health, but I'm afraid that if I die, my daughters can't live alone," and he started thinking to himself, "Could this be the treasure I saw in my dream? The one that I will lose my life to?"

Meanwhile, Lina and Bari phoned their father, and they were happy to hear his voice. Bari asked her father, "Dad, reassure me, did you find the treasure you saw in [your] dream?"

Abu Lina kept it together and said in a soulful voice, "Yes, my child, I found the treasure."

The girls then started screaming on the phone out of joy, and Abu Lina had tears in his eyes. Bari, again, said, ...

”هَلْ تَقْصِدُ يا أَبي أَنَّكَ سَتُجْري لي الجِراحَةَ التَّجْميلِيَّةَ وَسَتَزولُ النُدوبُ المَوْجودَةُ عَلى وَجْهي، وَسَأَلْتَحِقُ بِكُلِّيَّةِ الطِّبِّ؟“

أَجابَ أَبو لينا: ”نَعَمْ يا باري سَتُحَقِّقينَ حُلْمَكِ وَتَلْتَحِقينَ بِالجامِعَةِ.“

أَخَذَتْ لينا سَمّاعَةَ الهاتِفِ وَقالَتْ: ”هَلْ هَذا يَعْني أَنَّني لَمْ أَعُدْ مُضْطَرَّةً إِلى الزَّواجِ مِنَ ابْنِ مَسْؤولِ القَرْيَةِ، وَسَأَتَزَوَّجُ الرَّجُلَ الَّذي أُريدُهُ.“

أَجابَ أَبو لينا: ”طَبْعًا يا ابْنَتي لا أَسْتَطيعُ أَنْ أَتْرُكَكِ تَتَزَوَّجينَ إِلّا مِنْ تُريدينَ.“ أَغْلَقَتا سَمّاعَةَ الهاتِفِ. كانَتِ الفَتاتانِ تَقْفِزانِ فَرَحًا، وَتَشْعُرانِ بِالسَّعادَةِ في مَنْزِلِهِما الصَّغيرِ تَحْتَ شَجَرَةِ اللَّوْزِ، وَأَبو لينا يَبْكي.

عادَ أَبو لينا إِلى أَبو يامِنٍ. وَرَأى أَبو يامِنٌ أَنَّهُ حَزينٌ فَقالَ لَهُ: ”ماذا حَدَثَ يا أَبو لينا؟ لِماذا أَنْتَ حَزينٌ؟ هَلْ تَبَيَّنَ أَنَّ الكِلى غَيْرُ مُتَوافِقَةٍ؟“

قالَ أَبو لينا: ”لا، إِنَّها مُتَوافِقَةٌ 100%.“

"Dad, do you mean that you will have the plastic surgery done for me and the scars on my face will be gone, and I'll enter to the faculty of medicine?"

Abu Lina replied: "Yes, Bari, you'll make your dream come true and get enrolled in a university."

Lina took the phone receiver and said, "Dad, and I no longer have to get married to the son of the head [of the village], and I will marry the guy I want."

Abu Lina replied, "Of course, my daughter, I can't let you get married except to the person you want." They hung up [the phone]. The girls are jumping for joy, feeling happy in their small house under the almond tree, and Abu Lina is crying.

Abu Lina went back to Abu Yamen. Abu Yamen saw that he was sad, so he said, "What happened, Abu Lina? Why are you sad? Did the kidney turn out to be incompatible?"

Abu Lina said, "No, it's 100% compatible."

سَألَهُ أَبو يامِنٌ: "فَلِماذا أَنْتَ حَزينٌ جِدًّا هَكَذا؟"

لِأَنَّ الطَّبيبَ أَخْبَرَني أَنَّني قَدْ أَموتُ بَعْدَ أَنْ أَتبَرَّعَ بِكِلْيَتي لِأَنَّ جَسَدي ضَعيفٌ وَلا يَسْتَطيعُ تَحمُّلَها، وَقَدَّمَ لي الرَّجُلُ كيلو مِنَ الذَّهَبِ بَدَلًا مِنْ نِصْفِ كيلو.

حَزِنَ أَبو يامِنٌ كَثيرًا عَلى حالَةِ أَبو لينا وَقالَ لَهُ: "حَسَنًا يا أَبا لينا لِماذا تُريدُ المالَ؟"

أَجابَ أَبو لينا: "اِبْنَتي باري أُصيبَتْ بِحُروقٍ في وَجْهِها، وَهِيَ بِحاجَةٍ لِعَمَلِيَّةٍ جِراحِيَّةٍ لِإِزالَةِ النَّدْباتِ، وَالجامِعاتُ عَلى وَشْكِ البَدْءِ، وَحُلْمُها أَنْ تَلْتَحِقَ بِكُلِّيَّةِ الطِّبِّ وَتُصْبِحَ طَبيبَةً. وَأَحْتاجُ أَيْضًا إِلى إِعادَةِ المالِ لِمَسْؤولِ القَرْيَةِ، حَتّى لا أَكونَ مُضْطَرًّا لِلْسَّماحِ لِابْنِهِ بِالزَّواجِ مِنِ ابْنَتي لينا."

بَعْدَ أَنْ سَمِعَ هَذِهِ القِصَّةَ ذَرَفَتْ عُيونُ أَبو يامِنٌ بِالدُّموعِ، وَقالَ لِأَبي لينا: "أَتَمَنّى لَوْ كانَ كُلُّ الآباءِ مِثْلَكَ."

بَعْدَ التَّفْكيرِ كَثيرًا، قَرَّرَ أَبو لينا إِجْراءَ العَمَلِيَّةِ الجِراحِيَّةِ. اِتَّصَلَ بِالسَّيِّدِ نَظْمي، وَحَجَزَ مَعَهُ مَوْعِدًا ظُهْرَ يَوْمِ الجُمُعَةِ مِنَ الأُسْبوعِ التّالي. لا يَعْرِفُ أَبو لينا إِذا ما كانَ عَلَيْهِ أَنْ يَفْرَحَ أَوْ يَحْزَنَ.

So why are you so sad? Abu Yamen asked him.

Because the doctor told me that I might die after I donate my kidney because my body is weak and can't handle it, and the gentleman offered me a kilo of gold instead of half a kilo.

Abu Yamen got very sad over Abu Lina['s situation] and said to him, "Okay, Abu Lina, why do you want the money?"

Abu Lina said, "My daughter Bari got her face burned, and she needs surgery to remove the scars. And the universities are just around the corner, and her dream is to enroll in the faculty of medicine and become a doctor. And also, I need to pay back the head [of the village], so that [I'm not obliged] to let his son marry my daughter Lina."

After he heard this story, Abu Yamen's eyes shed tears, and he said to Abu Lina, "I wish all fathers were like you."

After thinking a lot, Abu Lina decided to do the surgery. He called Mr. Nazmi, and they booked an appointment for Friday at noon the following week. Abu Lina doesn't know whether to be happy or sad.

إلّا أنَّهُ في صَباحِ الجُمْعَةِ قَبْلَ العَمَلِيَّةِ الجِراحِيَّةِ ذَهَبَ لِيُسَلِّمَ عَلى أَبي يامِنٍ وَقالَ لَهُ: "أبو يامِنٌ إذا مِتُّ، أُريدُكَ أَنْ تُرْسِلَ سَلامي إِلى ابْنَتَيَّ وَتَقولَ لَهُما أَنَّني أُحِبُّهُما كَثيرًا، وَأَنَّني فَعَلْتُ هَذا الشَّيْءَ مِنْ أَجْلِهِما، وَأُريدُكَ أَيْضًا أَنْ تُرْسِلَ الذَّهَبَ إِلى ابْنَتَيَّ عِنْدَما يُعْطيني السَّيِّدُ نَظْمي كيلو الذَّهَبِ."

لَمْ يَعْرِفْ أَبو يامِنٌ ماذا سَيَقولُ وَشَعَرَ بِالأَسَفِ وَالحُزْنِ وَطَلَبَ مِنْهُ الجُلوسَ وَشُرْبَ كوبٍ مِنَ الشّاي لِيَهْدَأَ.

ثُمَّ مِنْ بَيْنِ المَواضيعِ الَّتي تَناوَلاها قالَ أَبو يامِنٌ لِأَبي لينا: "أَخْبَرْتَني عَنْ اِبْنَتَيْكَ، لَكِنَّكَ لَمْ تُخْبِرْني ما الَّذي دَفَعَكَ إِلى مُغادَرَةِ القَرْيَةِ وَالمَجيءِ إِلى المَدينَةِ."

اِبْتَسَمَ أَبو لينا وَقالَ: "رَأَيْتُ في حُلْمي أَنْ آتِيَ إِلى المَدينَةِ."

تَفاجَأَ أَبو يامِنٌ وَسَأَلَهُ بِاسْتِغْرابٍ: "ما هَذا الحُلْمُ؟"

أَجابَ أَبو لينا وَقالَ : "رَأَيْتُ في حُلْمي شَخْصًا يَرْتَدي ثِيابًا بَيْضاءَ وَيَقولُ لي: 'يا أَبا لينا، اِذْهَبْ إِلى المَدينَةِ وَاعْمَلْ هُناكَ، وَسَتَسْمَعُ بُشْرَى سارَّةً وَتَجِدُ كَنْزًا، فَتُصْبِحَ أَنْتَ وَابْنَتاكَ أَثْرياءَ.'"

However, on Friday morning, before the surgery, he went to say hi to Abu Yamen and said to him, "Abu Yamen, if I die, I want you to greet my daughters for me, and tell them that I love them very much and I did this thing for their sake, and I also want you to send the gold to my daughters when Mr. Nazmi gives me the kilo of gold."

Abu Yamen didn't know what to say and felt sorry for Abu Lina and asked him to sit and drink a cup of tea to calm down.

And switching subjects, Abu Yamen said to Abu Lina, "You told me about your daughters, but you didn't tell me about what made you leave the village and come to the city."

Abu Lina smiled and said, "I saw in [my] dream that I should come to the city,"

Abu Yamen was surprised and confused and asked, "What's that dream?"

Abu Lina replied, "I saw in my dream a person wearing white clothes and saying, 'Abu Lina, go to the city and work, you will hear good news and you will find a treasure, and you and your daughters will become rich.'"

ضَحِكَ أَبُو يَامِنٍ وَقَالَ لَهُ: "بِالحَدِيثِ عَنِ الكَنْزِ، عِنْدَما كُنْتُ صَغِيرًا كُنْتُ أَحْلَمُ وَكَأَنَّ أَحَدَهُمْ يُخْبِرُنِي بِالذَّهابِ لِلْعُثُورِ عَلَى كَنْزٍ فِي قَرْيَةٍ اسْمُها لا أَذْكُرُهُ جَيِّدًا، رُبَّما البُرَيْدَةُ أَوِ البَيْدَرُ شَيْءٌ مِنْ هَذا القَبِيلِ، وَأَنْ أَحْفُرَ تَحْتَ شَجَرَةِ اللَّوْزِ لِأَعْثُرَ عَلَى الكَنْزِ." وَضَحِكَ أَبُو يَامِنٍ وَاسْتَمَرَّ فِي الحَدِيثِ قائِلًا: "وَها أَنا ذا راوَدَنِي هَذا الحُلْمُ، لَكِنَّنِي لَمْ أَذْهَبْ إِلى هُناكَ."

أُصِيبَ أَبُو لِينا بِالصَّدْمَةِ وَرَمَى فِنْجانَ الشَّايِ وَرَكَضَ مُسْرِعًا إِلى مَنْزِلِهِ فِي القَرْيَةِ، سَعِيدًا وَيَصْرُخُ فَرَحًا قائِلًا: "لَقَدْ وَجَدْتُ الكَنْزَ! لَقَدْ وَجَدْتُ الكَنْزَ!"

بَعْدَ أَنْ وَصَلَ إِلى المَنْزِلِ، رَكَضَتِ ابْنَتاهُ إِلَيْهِ وَعانَقاهُ وَقالَتا: "يا أَبِي، أَيْنَ المالُ وَالكَنْزُ الَّذِي وَجَدْتَهُ؟"

أَجابَ أَبُو لِينا وَهُوَ يَبْكِي: "يا ابْنَتايَ الكَنْزُ مَوْجُودٌ فِي بَيْتِنا مُنْذُ زَمَنٍ طَوِيلٍ تَحْتَ شَجَرَةِ اللَّوْزِ حَيْثُ كُنّا نَشْرَبُ الشَّايَ وَنَتَحَدَّثُ وَنَضْحَكُ."

أَحْضَرَ أَبُو لِينا أَدَواتِ الحَفْرِ، وَبَدَأَ فِي الحَفْرِ حَتّى وَجَدَ صُنْدُوقًا بِهِ أَكْثَرُ مِنْ 10 كِيلُو غِراماتٍ مِنَ الذَّهَبِ.

Abu Yamen laughed and said, "Speaking of the treasure, when I little, I used to have a dream where [someone] was telling me to go find a treasure in a village named, I can't remember, but maybe Al-Bareedi, Al-Baydar, something like that, and dig under the almond tree, and I'll find the treasure." And Abu Yamen laughed and kept on talking, "And here I am. I had that dream, but I never went there."

Abu Lina was shocked and spilled the cup of tea and ran quickly to his house in the village, feeling happy, and shouting for joy and saying, "I found the treasure! I found the treasure!"

After he arrived at the house, his daughters ran over to him, hugged him, and said, "Dad, where are the money and the treasure you found?"

Abu Lina replied, crying, "My daughters, the treasure has been at our house for a long time, under the almond tree where we used to drink tea, talk, and laugh."

Abu Lina brought the shovels and started digging and digging until he found a box with over 10 kilos of gold inside. ...

عانَقَ أَبو لينا بِنْتَيْهِ وَهُوَ يَقولُ: "الحَمْدُ لِلهِ، يا ابْنَتايَ، سَأُحَقِّقُ كُلَّ أَحْلامِكُما وَأُسْعِدُكُما."

نَظَرَ أَبو لينا إِلى ابْنَتَيْهِ وَقالَ: "يا ابْنَتايَ أُريدُ أَنْ أُسْدِيَ إِلَيْكُما نَصيحَةً، عِنْدَما يَكونُ المَرْءُ طَيِّبًا وَيُحِبُّ الخيرَ لِلْجَميعِ وَلَدَيْهِ حُلْمٌ فَعَلَيْهِ أَنْ يُلاحِقَ حُلْمَهُ وَيُحَقِّقَهُ. الحَياةُ تُعْطي الإِنْسانَ بَعْضَ الإِشاراتِ وَالعَلاماتِ لِيُحَقِّقَ هَذا الحُلْمَ، وَيَجِبُ أَنْ تَكونَ النِّيَّةُ حَسَنَةً صادِقَةً قَبْلَ أَيِّ شَيْءٍ."

ثُمَّ أَعادَ أَبو لينا المالَ إِلى مَسْؤولِ القَرْيَةِ، وَتَزَوَّجَتْ لينا مِنَ الرَّجُلِ الَّذي تُحِبُّهُ، وَنَجَحَتْ باري في إِجْراءِ الجِراحَةِ التَّجْميلِيَّةِ، وَعادَ وَجْهُها إِلى ما كانَ عَلَيْهِ مِنْ قَبْلُ، وَالتَحَقَتْ بِالكُلِّيَّةِ.

بَعْدَ خَمْسِ سَنَواتٍ، أَنْجَبَتْ لينا ابْنَتانِ، وَتَخَرَّجَتْ باري مِنَ الجامِعَةِ وَحَصَلَتْ عَلى المَرْكَزِ الأَوَّلِ بَيْنَ زُمَلائِها في الجامِعَةِ. وَدَّعَتْ باري الجامِعَةَ وَأَلْقَتْ كَلِمَةً في حَفْلِ التَّخَرُّجِ. لَمْ يَرْغَبْ أَبو لينا في حُضورِ حَفْلِ التَّخَرُّجِ لِأَنَّهُ كانَ يَعْتَقِدُ أَنَّ النّاسَ سَيَتَنَمَّرونَ عَلى باري لِأَنَّ والِدَها مِنَ القَرْيَةِ وَأَنَّها سَتَشْعُرُ بِالحَرَجِ إِذا حَضَرَ والِدُها الحَفْلَ، لَكِنَّ باري أَصَرَّتْ عَلى حُضورِهِ.

Abu Lina hugged his daughters while saying, "Thank God, my daughters, I will make all your dreams true and make you happy."

Abu Lina looked at his daughters and said," My daughters, I want to give you a piece of advice. When one is good and loves good, purity, and has a dream, he should go after his dream and achieve it. Life gives you signals to make it happen, but you should have good intention."

And then Abu Lina returned the money to the head [of the village], and Lina got married to the guy she loves, and Bari successfully had the plastic surgery, and her face returned to how it was before, and she enrolled in college.

Five years later, Lina had two daughters, and Bari graduated from university and came in first place among her classmates. The university invited Bari to give a speech at the graduation ceremony. Abu Lina didn't want to attend the graduation ceremony because he thought that people would shame Bari [for the fact that] her father comes from the village and that he's not suitable for the party vibes, but Bari insisted that he attend.

وَقَفَتْ باري لِإلْقاءِ خِطابِها في حَفْلِ التَّخَرُّج. أَمْسَكَتْ بِالوَرَقَةِ وَنَظَرَتْ إلى والِدِها وَقالَتْ: "هَذِهِ الوَرَقَةُ بِها 200 كَلِمَةٍ، وَأَوَدُّ أَنْ أَقولَها في هَذا الحَفْلِ، لَكِنْ لَنْ أَتَحَدَّثَ عَنْ هَذا الحَفْلِ أَوِ الجامِعَةِ. سَأَتَحَدَّثُ عَنْ أَبي الَّذي أَرادَ بَيْعَ كُلْيَتِهِ لِكَيْ أَدْخُلَ هَذِهِ الجامِعَةَ لِأُصْبِحَ طَبيبَةً وَلِأَحْتَلَّ المَرْتَبَةَ الأولى في الكُلِّيَّةِ. أُريدُ أَنْ أُقَدِّمَ نَصيحَةً لِأَصْدِقائي، أَنَّهُ إِذا كانَ لَدَيْكُمْ آباءٌ حافِظوا عَلَيْهِمْ وَلا تُضايِقوهُمْ، وَكونوا دائِمًا بِجانِبِهِمْ. الأَبُ روحُ الإِنْسانِ."

لَمْ تَتَمَكَّنْ باري مِنْ مُواصَلَةِ الخِطابِ، وَبَكَتْ وَرَكَضَتْ إِلى والِدِها وَعانَقَتْهُ أَمامَ الجَميعِ وَقالَتْ: "هَذا أَبي، هَذا قَلْبي!" صَفَّقَ الجَميعُ لَها وَعُيونُهُمْ تَذْرِفُ دُموعَ الفَرَحِ.

At the graduation ceremony, Bari stood to give a speech. She grabbed the paper and looked at her father, and said, "This paper has 200 words, and I'd like to say them in this ceremony, but I do not want to talk about this ceremony or the university. I want to talk about my father, a father that wanted to sell his kidney to get me into this university so that I can become a doctor and come in first place in my class. I want to give my friends a piece of advice. If you have a father, hold onto him. Don't upset him. And always be by his side. The father is the human spirit."

Bari was not able to continue the speech. She cried, ran to her father, and hugged him, saying, "This is my dad. This is my heart." Everyone was applauding and shedding tears of joy.

ARABIC TEXT WITHOUT TASHKEEL

For a more authentic reading challenge, read the story without the aid of diacritics (tashkeel) and the parallel English translation.

تحت شجرة اللوز

أبو لينا رجل مسن فقير يعيش مع ابنتيه لينا وباري في قرية البيدر في منزل صغير تحت شجرة لوز في ريف حمص.

لينا تبلغ من العمر 26 عاما، وفي كل مرة يأتي فيها أحدهم لخطبتها، يتراجع لأنها من عائلة فقيرة وغير متعلمة، ولم تلتحق أبدا بأي جامعة.

أما باري فهي تبلغ من العمر 18 عاما تحلم بالذهاب إلى الجامعة، لكن وضع والدها المالي لم يساعدها لتسافر وتكمل دراستها الجامعية في المدينة، علما بأن الدراسة تكلف الكثير من الأموال.

يعمل أبو لينا على عربة يبيع فيها الحاجيات المنزلية، مثل لوازم الخياطة والشوكولاتة والطعام اللذيذ. ونظرا لقلة عدد سكان القرية، فإن المبيعات قليلة، والدخل قليل جدا. كبرت الفتاتان وبالتالي ازدادت احتياجاتهما. تقدم رجل جديد لخطبة لينا، ويحتاج أبو لينا إلى المال لتجهيزها للزواج وشراء فستان الزفاف.

نجحت باري في المدرسة وكانت طالبة متفوقة، وقررت الذهاب إلى الجامعة، لتلتحق في قسم الطب، لتصبح طبيبة لمساعدة أهل قريتها، لكن للأسف جميع الجامعات تكاليفها باهظة وموجودة في المدينة، فهي ستحتاج إلى الرسوم الجامعية ونفقات السفر ورسوم السكن في المدينة. بدأ حلم باري يتلاشى، وأبو لينا يعرف أن بنتيه حزينتين ولا يستطيع فعل أي شيء حيال ذلك.

بدأ أبو لينا يحاول اقتراض المال من أصدقائه، لكن للأسف كلهم قالوا له أنهم لا يملكون المال. رد صديقه الأول عليه بأن عليه دين كبير، والثاني أغلق الهاتف في وجهه، أما الثالث لم يفتح بابه على الإطلاق. كان أبو لينا متعبا، وهو رجل عجوز، لم يعد قادرا على العمل للحصول على المال وإطعام ابنتيه.

جاءت لينا وباري إلى والديهما وقالتا: "أبي، قررنا أن نعمل ونساعدك."

ابتسم أبو لينا وقال: "يا فتاتان، العمل في هذه القرية صعب، وأنا أحبكما كثيرا، ولا أريدكما أن تعانيا من مشقة العمل، غير أنه لا يوجد عمل يناسبكما". توقف أبو لينا عن الكلام لبعض الوقت ثم بدأ في البكاء وذرفت دموعه على لحيته الرمادية.

قالت لينا: "لماذا تبكي يا أبي؟ هذه أول مرة أراك تبكي."

أجاب أبو لينا: "أنا رجل عجوز يا ابنتي العزيزة، وأخشى أن أموت قبل أن أضمن لكما عيشا جيدا."

قالت باري: "أبي، لدي صوت جميل، ولطالما أحببت سماعه، دعني أغني في الأعراس، وسأحصل على المال في كل مرة."

وقالت لينا: "أنا أيضا يا أبي يمكنني خياطة الملابس جيدا، سأخيط الملابس المدرسية لأطفال القرية وأحصل على نقود مقابل ذلك أيضا."

بدأ أبو لينا يفكر في الأمر ووافق أخيرا على عمل بنتيه لتساعداه. يوما بعد يوم، بدأ الجميع في العمل، وبدأ وضع هذه الأسرة الفقيرة يتحسن.

وذات يوم حلم أبو لينا بشخص يرتدي ثيابا بيضاء يقول له: "يا أبو لينا، اذهب إلى المدينة واعمل هناك، وستسمع بشرى سارة وتجد كنزا، فتصبح أنت وابنتيك أثرياء." استيقظ أبو لينا ولم ينتبه لذلك الحلم.

بعد خمسة أشهر من العمل الشاق والإرهاق، تمكن أبو لينا وابنتاه أخيرا من شراء فستان زفاف لينا، واشتروا الفستان وخطبت لينا أكثر رجل وسيم في القرية، وبدأت الأمور تتحسن شيئا فشيئا لهذه العائلة، ثم بدأ أبو لينا في تزيين المنزل وشراء الأشياء المتبقية، والجلوس مع ابنتيه في منزلهم الصغير تحت شجرة اللوز يتناولون الطعام والفاكهة اللذيذة. وبعد شهرين، جمعوا الأموال للقسط الأول من الرسوم الدراسية لجامعة باري، وأصبح هذا المنزل الصغير مليئا بالبهجة، وامتلأ قلب أبو لينا بالسعادة.

ذهبت باري لتحضر الشاي وتركت الموقد مشتعلا. اشتعلت النيران في المطبخ وانتشرت في جزء من أرجاء المنزل. ركض أهالي القرية بسرعة محاولين إطفاء الحريق، وبعد جهد كبير أخمدت النيران، فتحول المنزل إلى رماد واحترق كل شيء فيه. في غضون ذلك، نقلت باري إلى المستشفى

وكانت حالتها خطيرة، وكان أبو لينا في هذا الوقت يتجول مع عربته يبيع أغراضه ولا يعرف ما حدث في منزله.

قال له أحدهم: "يا أبو لينا! يا أبو لينا! منزلك احترق!"

ارتعب أبو لينا خوفا وسقطت العربة وهو على الأرض وقال: "أتوسل إليكم، خذوني إلى ابنتي."

اقتادوه إلى المنزل، فرأى لينا تقف وحدها وتبكي. فقال لها: "أين أختك باري؟"

"أخذوها إلى المستشفى."

ركض أبو لينا وابنته إلى المستشفى ورأى باري والحروق في وجهها. أخبره الطبيب أنها بحاجة لعملية جراحية في أسرع وقت ممكن.

قال أبو لينا للطبيب: "أيها الطبيب أرجوك قم بإجراء العملية الآن."

نظر الطبيب إليه من أعلى إلى أسفل وقال: "لكن العملية ستكلفك الكثير من المال."

رد أبو لينا وقال: "لا مشكلة."

لم يعرف أبو لينا كيف سيحصل على المال، فقرر أن يذهب إلى مسؤول القرية (العمدة) ويطلب منه المال. مسؤول القرية يحب المال كثيرا ولا يعطي أحدا إلا إذا أخذ أكثر مما يعطيه.

ذهب أبو لينا لرؤية مسؤول القرية وقال له: "ابنتي في المستشفى، وأنا بحاجة إلى نقود لإجراء عملية لها، وإذا لم أدفع المال قد تموت ابنتي، أعطني المال وسأعيده لك بعد ستة أشهر."

بدأ مسؤول القرية يفكر ويقول لنفسه أن أبا لينا لن يتمكن من إعادة المال لأنه فقير، لذلك قرر مسؤول القرية أن يطلب منه طلبا مقابل ذلك وقال: "سأعطيك المال، لكن إذا لم تعيده خلال ستة أشهر، ماذا ستفعل؟"

تفاجأ أبو لينا وقال له: "سأعيده لك بالتأكيد."

أخذ مسؤول القرية لقمة من التفاحة وقال: "إذا لم تعيدها بعد ستة أشهر، ستزوج ابنتك لينا لابني فادي."

أصيب أبو لينا بالصدمة لأن سمعة فادي سيئة في القرية. فهو شاب يقامر ويحب الفتيات كثيرا. في النهاية وافق أبو لينا وأخذ المال وعاد إلى المستشفى.

انتهت العملية ونجحت، وخرجت باري من المستشفى، لكن لا تزال هناك ندوب حروق على وجهها. سأل أبو لينا الطبيب قائلا: "ماذا سنفعل بشأن الندوب؟"

قال الطبيب: "إنها بحاجة إلى جراحة تجميلية، لكنها باهظة الثمن."

كان المشهد مبكيا، الرجل العجوز وابنتاه ينظرون إلى المنزل وهو الشيء الوحيد الذي يملكونه، يبكون على كل ما فقدوه والذكريات الجميلة التي كانت لديهم في هذا المنزل، وشجرة اللوز التي كانوا يشربون الشاي تحتها.

أخبر أبو لينا ابنته لينا بقصة زواجها من فادي. شعرت لينا بالضيق الشديد، وعلى الرغم من حقيقة أنها كانت تعلم أنها ستضطر إلى الانفصال عن الرجل الذي تحبه، إلا أنها لم تقل شيئا لأن المال ساعد أختها باري في العملية.

نظرت باري إلى المرآة وقالت لأبيها: "أبي، إذا ظل وجهي هكذا، لن أذهب إلى الجامعة. سيتنمر علي الطلاب". زاد الهم على أبي لينا ولم يعرف ما يجب عليه فعله.

ثم بدأ أبو لينا وابنتاه بتنظيف الدخان الأسود الموجود على جدران غرف النوم، وذهب الجميع إلى فراشهم.

رأى أبو لينا نفس الحلم مرة أخرى. كان أحدهم يرتدي الزي الأبيض ويقول له: "يا أبو لينا، اذهب للعمل في المدينة، وستسمع بشرى سارة، وستجد كنزا، وستصبح أنت وابنتاك أثرياء." استيقظ أبو لينا وأخبر ابنتيه بالحلم.

قالت باري: "في رأيي يا أبي، عليك الذهاب إلى المدينة. ربما يأتي فرج الله، ويتحقق الحلم."

قالت لينا: "أبي، لقد علمتنا أننا يجب أن نطرق أي باب نراه أمامنا وألا نتخلى عن أحلامنا، لذا يجب أن تسافر."

وبعد أن استمر الحلم في الظهور مرارا وتكرارا، قرر أبو لينا السفر إلى المدينة ليرى ما سيحدث.

جمع أبو لينا أغراضه، وودع ابنتيه، واستقل الحافلة إلى المدينة في رحلة استغرقت أكثر من ثماني ساعات. وصل أبو لينا إلى المدينة وشاهد المباني الكبيرة والملاعب والمسابح وأشياء أخرى رآها لأول مرة في حياته.

مر من جانب كلية الطب وتذكر حلم ابنته باري في الرغبة في الدراسة في هذه الكلية. ذرف دموعه، وتمنى أن تعيش ابنتاه كما يعيش الآخرون في راحة وسعادة، وتمنى أن يجد الكنز الذي رآه في حلمه حتى يتمكن من تأمين حياة كريمة لابنتيه.

بدأ أبو لينا يتجول مع عربته في هذه المدينة، محاولا البيع قدر استطاعته، كان يعمل أكثر من اثنتي عشرة ساعة في اليوم ثم ينام في فندق آخر الليل، وبقي على هذا الحال لأكثر من شهرين. كانت المبيعات قليلة للغاية، ولم يعد الناس يشترون منه، واستغرب لأنه كان يبيع في القرية أكثر من بيعه بالمدينة، واستمر أبو لينا في المحاولة مرارا وفي كل مرة يشعر بالتعب، كان يتذكر ابنتيه والأشهر الستة التي منحها له رئيس القرية كموعد نهائي لسداد الدين. مر شهران بالفعل، ولم يتبق الآن سوى أربعة أشهر.

بعد العمل الجاد والسهر الكثير، التقى برجل عجوز اسمه أبو يامن يعمل في متجر كبير.

قال أبو يامن: "مرحبا يا أخي."

أجاب أبو لينا: "أهلا وسهلا."

نظر أبو يامن إلى أبو لينا وقال: "منذ أكثر من شهرين وأنا أراك بهذه العربة، تبيع أدوات الخياطة والطعام اللذيذ. ما قصتك؟"

شعر أبو لينا بالخوف لأنه لم يعتد التحدث إلى غير أهل القرية، وخاصة أن ابنته لينا أخبرته بألا يثق بأي شخص في المدينة. فأجاب أبو لينا: "أعمل لأطعم ابنتي."

رد عليه أبو يامن وقال: "هذه الأشياء التي تبيعها لن يشتريها منك أحد هنا بسبب وجود المتاجر والمراكز التجارية والعديد من المتاجر الكبيرة." انزعج أبو لينا وأخذ عربته وغادر.

المال الذي بحوزة أبي لينا على وشك الانتهاء، ولم يعد بإمكانه دفع ثمن الفندق، لذلك أصبح ينام في الحديقة. وذات يوم، بينما كان نائما في

الحديقة، جاء بعض اللصوص ورأوا أن أبا لينا ينام بعمق، فسرقوا محفظته والكثير من الأشياء الأخرى من عربته.

استيقظ أبو لينا ورأى المشهد ولم يستطع تحمله. دفع عربته وسار في الشارع باكيا ولا يعرف إلى أين يتجه.

بينما كان يمشي، رأى إعلانا معلقا على الحائط مكتوب عليها: "نحتاج إلى متبرع كلية مقابل مبلغ من المال."

بدأ أبو لينا يفكر ويقول إذا عدت إلى ابنتي ولم أتمكن من تأمين المال المطلوب، فسيشعران بالحزن، وسأخسرهما. لذلك قرر الاتصال بصاحب الاعلان. اسمه السيد نظمي، واتفقا أن يجتمعا. ذهب أبو لينا إلى العنوان الذي أعطاه إياه السيد نظمي.

وصل ووجد فيلا كبيرة، واستقبلته الخادمة وقال لها: "ما شاء الله هذه الفيلا أكبر من قريتي كلها."

أعطته الخادمة بعض الطعام والشاي وقالت له: "عندما يأتي السيد نظمي، لا تتحدث كثيرا ولا تقاطعه أبدا أثناء حديثه. السيد نظمي لا يحب الحديث كثيرا."

وعلى العشاء جلس أبو لينا والسيد نظمي، وسأله السيد نظمي: "حسنا، أخبرني بما لديك يا أبا لينا."

أجاب أبو لينا وقال: "رأيت إعلانا يقول أنك بحاجة إلى كلية مقابل نقود، وأنا مستعد لبيع كليتي لأتمكن من العودة إلى قريتي، اسمها البيدر وأنا بحاجة إلى المال من أجل ابنتي."

نظر إليه السيد نظمي وقال: "ابني تعرض لحادث سير، ويحتاج إلى كلية ليعيش. نعم، سأعطيك نصف كيلو ذهب إذا أعطيت كليتك لابني ولا تقلق، الإنسان لديه كليتان ويمكنه العيش بواحدة فقط."

لم يفكر أبو لينا في كليته أو صحته على الإطلاق، فكان سعيدا عندما سمع عن نصف كيلو الذهب وقال للسيد نظمي: "موافق."

ابتسم السيد نظمي قليلا وقال: "نحتاج أولا إلى إجراء بعض الفحوصات لمعرفة ما إذا كان دمك متوافقا مع دم ابني." واتفقا على الذهاب إلى المستشفى في اليوم التالي وإجراء الفحوصات الأولية.

لم يعرف أبو لينا أين سيضع عربته. فعاد إلى أبو يامن، وقال له: "مرحبا يا أبا يامن، هل يمكنني وضع العربة هنا ليومين؟"

فقال له أبو يامن: "طبعا، لكن أخبرني لماذا، أقسم أن أمرك يحيرني."

بدأ أبو لينا يثق بأبي يامن، وقال له: "غدا سأتبرع بكليتي لشخص ما وسأحصل على بعض المال في المقابل لأعطيه لابنتي لتأمين مستقبلهما."

فحزن أبو يامن وقال له: "وماذا لو كان ذلك خطرا على صحتك؟"

أجاب أبو لينا بسرعة: "صحة ابنتي ومستقبلهما أهم من حياتي، على أي حال، سأتبرع بكلية واحدة فقط، ويمكنني أن أكمل حياتي بالأخرى."

في اليوم التالي ذهب أبو لينا والسيد نظمي وابنه إلى المستشفى لإجراء الفحوصات الأولية ومعرفة ما إذا كانت كلية أبي لينا متوافقة مع كلية ابن السيد نظمي.

بعد إجراء الفحوصات خرج الطبيب وقال أن التوافق 100% ويمكنهم إجراء عملية زرع الكلى. "لكن هناك شيء مهم يجب أن تعرفوه."

أجاب السيد نظمي بسرعة وسأل الطبيب: "هل سيحدث شيء لابني؟"

أجاب الطبيب: "لا، لن يتأثر ابنك، ولكن إذا أردنا إجراء العملية الجراحية ونقل الكلية من أبي لينا إلى ابنك، فهناك احتمال بأن يفقد أبو لينا حياته لأنه رجل عجوز وجسده ضعيف."

بعد سماع ذلك، أصيب أبو لينا بالصدمة، وذرفت عيناه الدموع. ساد الصمت التام في جميع أنحاء المستشفى، ولم يتفوه أحد بكلمة.

قال الطبيب: "إذا اتفق كلاكما، فسنجري العملية الجراحية الأسبوع المقبل"، ثم غادر.

اقترب السيد نظمي من أبي لينا وقال: "أعلم أن القرار صعب ولن أضغط عليك لكن إذا وافقت فسأعطيك كيلو ذهبا بدلا من نصف الكيلو الذي وعدتك به." أخذ السيد نظمي ابنه وغادر، وبقي أبو لينا وحده في المستشفى ولم يتفوه بحرف.

بدأ يبكي ويقول: "لست قلقا على صحتي، لكنني أخشى إن مت، لن تستطيع ابنتاي العيش بمفردهما"، وبدأ يسأل نفسه: "هل يمكن أن يكون هذا هو الكنز الذي رأيته في حلمي، الذي سأفقد حياتي من أجله؟"

في هذه الأثناء، اتصلت لينا وباري بوالديهما سعيدتين بسماع صوته. سألت باري والدها قائلة: "يا أبي، طمئني، هل وجدت الكنز الذي رأيته في حلمك؟"

تماسك أبو لينا وقال بصوت حنون: "نعم يا طفلتي، لقد وجدت الكنز."

ثم بدأت الفتاتان بالصراخ على الهاتف بكل فرحة ولهفة والدموع في عيني أبي لينا. قالت باري مرة أخرى: "هل تقصد يا أبي أنك ستجري لي الجراحة التجميلية وستزول الندوب الموجودة على وجهي، وسألتحق بكلية الطب؟"

أجاب أبو لينا: "نعم يا باري ستحققين حلمك وتلتحقين بالجامعة."

أخذت لينا سماعة الهاتف وقالت: "هل هذا يعني أنني لم أعد مضطرة إلى الزواج من ابن مسؤول القرية، وسأتزوج الرجل الذي أريده."

أجاب أبو لينا: "طبعا يا ابنتي لا أستطيع أن أتركك تتزوجين إلا من تريدين." أغلقتا سماعة الهاتف. كانت الفتاتان تقفزان فرحا، وتشعران بالسعادة في منزلهما الصغير تحت شجرة اللوز، وأبو لينا يبكي.

عاد أبو لينا إلى أبو يامن. ورأى أبو يامن أنه حزين فقال له: "ماذا حدث يا أبو لينا؟ لماذا أنت حزين؟ هل تبين أن الكلى غير متوافقة؟"

قال أبو لينا: "لا، إنها متوافقة 100."

سأله أبو يامن: "فلماذا أنت حزين جدا هكذا؟"

لأن الطبيب أخبرني أنني قد أموت بعد أن أتبرع بكليتي لأن جسدي ضعيف ولا يستطيع تحملها، وقدم لي الرجل كيلو من الذهب بدلا من نصف كيلو.

حزن أبو يامن كثيرا على حالة أبو لينا وقال له: "حسنا يا أبا لينا لماذا تريد المال؟"

أجاب أبو لينا: "ابنتي باري أصيبت بحروق في وجهها، وهي بحاجة لعملية جراحية لإزالة الندبات، والجامعات على وشك البدء، وحلمها أن تلتحق بكلية الطب وتصبح طبيبة. وأحتاج أيضا إلى إعادة المال لمسؤول القرية، حتى لا أكون مضطرا للسماح لابنه بالزواج من ابنتي لينا."

بعد أن سمع هذه القصة ذرفت عيون أبو يامن بالدموع، وقال لأبي لينا: "أتمنى لو كان كل الآباء مثلك."

بعد التفكير كثيرا، قرر أبو لينا إجراء العملية الجراحية. اتصل بالسيد نظمي، وحجز معه موعدا ظهر يوم الجمعة من الأسبوع التالي. لا يعرف أبو لينا إذا ما كان عليه أن يفرح أو يحزن.

إلا أنه في صباح الجمعة قبل العملية الجراحية ذهب ليسلم على أبي يامن وقال له: "أبو يامن إذا مت، أريدك أن ترسل سلامي إلى ابنتي وتقول لهما أنني أحبهما كثيرا، وأنني فعلت هذا الشيء من أجلهما، وأريدك أيضا أن ترسل الذهب إلى ابنتي عندما يعطيني السيد نظمي كيلو الذهب."

لم يعرف أبو يامن ماذا سيقول وشعر بالأسف والحزن وطلب منه الجلوس وشرب كوب من الشاي ليهدأ.

ثم من بين المواضيع التي تناولاها قال أبو يامن لأبي لينا: "أخبرتني عن ابنتيك، لكنك لم تخبرني ما الذي دفعك إلى مغادرة القرية والمجيء إلى المدينة."

ابتسم أبو لينا وقال: "رأيت في حلمي أن آتي إلى المدينة."

تفاجأ أبو يامن وسأله باستغراب: "ما هذا الحلم؟"

أجاب أبو لينا وقال : "رأيت في حلمي شخصا يرتدي ثيابا بيضاء ويقول لي: 'يا أبا لينا، اذهب إلى المدينة واعمل هناك، وستسمع بشرى سارة وتجد كنزا، فتصبح أنت وابنتاك أثرياء.'"

ضحك أبو يامن وقال له: "بالحديث عن الكنز، عندما كنت صغيرا كنت أحلم وكأن أحدهم يخبرني بالذهاب للعثور على كنز في قرية اسمها لا أذكره جيدا، ربما البريدة أو البيدر شيء من هذا القبيل، وأن أحفر تحت شجرة اللوز لأعثر على الكنز." وضحك أبو يامن واستمر في الحديث قائلا: "وها أنا ذا راودني هذا الحلم، لكنني لم أذهب إلى هناك."

أصيب أبو لينا بالصدمة ورمى فنجان الشاي وركض مسرعا إلى منزله في القرية، سعيدا ويصرخ فرحا قائلا: "لقد وجدت الكنز! لقد وجدت الكنز!"

بعد أن وصل إلى المنزل، ركضت ابنتاه إليه وعانقاه وقالتا: "يا أبي، أين المال والكنز الذي وجدته؟"

أجاب أبو لينا وهو يبكي: "يا ابنتاي الكنز موجود في بيتنا منذ زمن طويل تحت شجرة اللوز حيث كنا نشرب الشاي ونتحدث ونضحك."

أحضر أبو لينا أدوات الحفر، وبدأ في الحفر حتى وجد صندوقا به أكثر من 10 كيلو غرامات من الذهب. عانق أبو لينا بنتيه وهو يقول: "الحمد لله، يا ابنتاي، سأحقق كل أحلامكما وأسعدكما."

نظر أبو لينا إلى ابنتيه وقال: "يا ابنتاي أريد أن أسدي إليكما نصيحة، عندما يكون المرء طيبا ويحب الخير للجميع ولديه حلم فعليه أن يلاحق حلمه ويحققه. الحياة تعطي الإنسان بعض الإشارات والعلامات ليحقق هذا الحلم، ويجب أن تكون النية حسنة صادقة قبل أي شيء."

ثم أعاد أبو لينا المال إلى مسؤول القرية، وتزوجت لينا من الرجل الذي تحبه، ونجحت باري في إجراء الجراحة التجميلية، وعاد وجهها إلى ما كان عليه من قبل، والتحقت بالكلية.

بعد خمس سنوات، أنجبت لينا ابنتان، وتخرجت باري من الجامعة وحصلت على المركز الأول بين زملائها في الجامعة. ودعت باري الجامعة وألقت كلمة في حفل التخرج. لم يرغب أبو لينا في حضور حفل التخرج لأنه كان يعتقد أن الناس سيتنمرون على باري لأن والدها من القرية وأنها ستشعر بالحرج إذا حضر والدها الحفل، لكن باري أصرت على حضوره.

وقفت باري لإلقاء خطابها في حفل التخرج. أمسكت بالورقة ونظرت إلى والدها وقالت: "هذه الورقة بها 200 كلمة، وأود أن أقولها في هذا الحفل، لكن لن أتحدث عن هذا الحفل أو الجامعة. سأتحدث عن أبي الذي أراد بيع كليته لكي أدخل هذه الجامعة لأصبح طبيبة ولأحتل المرتبة الأولى في الكلية. أريد أن أقدم نصيحة لأصدقائي، أنه إذا كان لديكم آباء حافظوا عليهم ولا تضايقوهم، وكونوا دائما بجانبهم. الأب روح الإنسان."

لم تتمكن باري من مواصلة الخطاب، وبكت وركضت إلى والدها وعانقته أمام الجميع وقالت: "هذا أبي، هذا قلبي!" صفق الجميع لها وعيونهم تذرف دموع الفرح.

MODERN STANDARD ARABIC READERS SERIES

www.lingualism.com/msar

Printed in France by Amazon
Brétigny-sur-Orge, FR

18673000R00037